Agustín Moreto y Cabaña

Loa entremesada para la compañía del pupilo

Barcelona 2024
Linkgua-ediciones.com

Créditos

Título original: Loa entremesada para la compañía del pupilo.

© 2024, Red ediciones.

e-mail: info@linkgua-ediciones.com

Diseño de cubierta: Michel Mallard.

ISBN rústica: 978-84-9816-046-8.
ISBN ebook: 978-84-9953-306-3.

Sumario

Brevísima presentación

La vida

Agustín Moreto y Cabaña. (Madrid, 1618-Toledo, 1669). España.

Sus padres eran italianos. Fue capellán del arzobispo de Toledo y tuvo una vida tranquila. Alcanzó una notable popularidad en los siglos XVII y XVIII. Escribió comedias de carácter religioso, tradición histórica y costumbres. La edición completa de sus obras se publicó en tres partes en los años 1654, 1676 y 1681.

Personajes

Francisca Verdugo
Pupilo
Jerónima de Olmedo
Juan González
Isabel de Gálvez
Escamilla
Manuela Escamilla
Villalba
Música
Juan de la Calle

Loa entremesada para la compañía del pupilo

(Salen el Pupilo y Manuela Escamilla.)

Manuela   ¡Deténgase, por Dios!

Pupilo   Pierdo el sentido.
¿A quién esta desgracia ha sucedido?
¡Vive Dios!

Manuela   ¡Bueno está, por vida mía!

Pupilo   ¡Qué cuando con mi pobre compañía,
vengo a Madrid ufano,
a recibir mil honras de su mano,
me suceda este azar!

Manuela   Diga ¿qué ha sido?

Pupilo   Loco estoy, ciego estoy, estoy corrido.

Manuela   Sepa la causa pues.

Pupilo   No sé decilla.

Manuela   ¿Es por qué le ha faltado Malaguilla,
que por estar el arpa algo achacosa,
la primavera la purgó con Rosa?

Pupilo   ¡Peor!

Manuela   Ya yo adivino su cuidado;

es porque el buen Gaspar nos ha faltado,
que siendo de los tonos el contraste,
con mil letras de cambio ha dado al traste;
que está ya que se arruga,
en un tono que puso hizo esta fuga.

Pupilo   ¡Mucho peor!

Manuela   Pues, diga ¿en qué topa?
¿Es porque le hace falta Pocarropa?
Que aunque nos ha dejado
ya la pena pago de su pecado,
como es Melocotón, si bien lo advierte,
por poco no te manda.

Pupilo   ¿Quién?

Manuela   La muerte.

Pupilo   Mayor mi pena es.

Manuela   Si no me engaño,
de Francisca Verdugo el mal extraño,
le tendrá de esa suerte.

Pupilo   Nada de eso.

Manuela   ¡El demonio que lo acierte!

Pupilo   Lo que me trae absorto, loco y ciego
es ver que, apenas a esta corte llego,
cuando Juan de la Calle y Juan González,
y, en fin, mis compañeros, aunque pocos,

en un ensayo se me han vuelto locos.

Manuela   ¿Locos? ¿Qué dice?

Pupilo   ¡Oh, pese a mi ventura!
Con el más raro modo de locura
que se ha visto jamás, porque Escamilla
ha dado en que es Maestro de Capilla;
Juan de la Calle, loco mas profundo,
que es Felipe Segundo
y Juan González, que es en todo extraño,
en que ha se ser autor aqueste año.
Porque afirma que dice el calendario,
no mirado lo poco que aprovecha,
que este año habrá de autores gran
cosecha;
de suerte que los chicos y los grandes,
los mozos de hato y los apuntadores,
están rabiando ya por ser autores.
¡Esto me desespera!
Y el frenesí ha cundido, de manera
que hasta el Capón me dijo el otro día
que ya no puede estar sin compañía.
Pero Juan González ha llegado.

(Sale Juan González contando por los dedos.)

Manuela   ¡Bravo rato tendremos!

Pupilo   ¡Extremado!
Amigo Juan González, ¡bienvenido!
¿Qué tenéis que venís tan divertido?
Decidme, ¿no hay más quimeras, más

	enredos?
Manuela	Hay que viene rezando por los dedos.
González	Primera dama es ésta, lindamente; para segunda, estotra es excelente; tercera es cosa clara...
Manuela	¡Linda flema! Hombre, éste es dedo y esa dama es yema.
González	...primer galán, segundo...
Pupilo	¿Hay tal porfía?
Manuela	¿Quién habrá, que de verle no se ría?
González	...pequeños son de cuerpo...
Manuela	¡Eso está llano! Que son como los dedos de la mano.
Pupilo	¡González, oíd por vida mía!
González	¡Jesús, que poderosa compañía, vive Dios que hará raya!
Pupilo	¿Hay tal enfado?
Manuela	Oiga, que agora lo verá cantado.
(Canta.)	«Que hará raya no dudo, si le repara

en que a su compañía
la trae en palmas.»

Pupilo
¿Es posible que deis amigo mío
en tan gran desvarío,
cuando todos se están riendo?

González
Señor mío de mi alma, yo me entiendo

Pupilo
¿Qué locura es aquesta? ¿Hay tal porfía?
Vos, en tan malos tiempos compañía,
mirad que es la verdad ésta que os pinto,
dejad esta locura.

González
Carlos Quinto,
la vanidad te engaña.
Ser hoy autor es la mayor hazaña.

(Vase.)

Pupilo
¡Juan González, amigo!

Manuela
Linda traza
para volver, dejalde.

(Dentro.)

Voces
¡Plaza, plaza!

(Sale Villalva de alabardero delante y detrás Juan de la Calle.)

Manuela
Otro loco tenemos, ¿hay figura

más extraña? Qué paso, qué mesura.

Pupilo   ¡Juan de la Calle, amigo!

Manuela   Verle es vicio.

Pupilo   ¡Ea! ¡Por Dios, volved en vuestro juicio!
Dejad, pues a esos pies estoy postrado,
esa locura.

Calle   Yo tendré cuidado.

Pupilo   Tened, por vida mía,
lástima de esta pobre compañía,
que en vosotros su remedio estriba.

Calle   Yo haré que suba la consulta arriba.

(Canta.)

Manuela   «Siempre aquestos papeles
le gustan mucho,
pues haciendo terceros,
hace segundos.»

(Dentro.)

Escamilla   ¡Dejadme entrar!

Manuela   Aquéste es Escamilla.

(Sale Escamilla de estudiantón sucio con un bonete grande.)

14

Escamilla	¿Quién impide a un Maestro de Capilla,
	que hace doctos a tantos escolares?
	Vaya un poco de solfa andares:
	Sol, fa, mi, re.
Pupilo	Donoso majadero.
	Posible es que aprenda, el buen Romero,
	solo un punto de solfa; es un neciazo,
	un idiota, un mastín, un gorronazo.
(Habla	¡Oye usted, señor mío! Menos quejas,
en tiple.)	mas que le alargo un palmo las orejas.
	Ninguno de nosotros está diestro.

(Habla en tiple.)

Escamilla	Aprendan, noramala, del maestro,
	porque un Sol, fa, mi, re, lindos despachos,
	es cosa que cantan los muchachos.
(Canta.)	«En la calle de Atocha
	vive mi dama,
	Sol, fa, mi, re.
	Yo me llamo Bartolo
	y ella Catania.
	Sol, fa, mi, re.»
Pupilo	¡Escamilla!
Escamilla	¿Quién es?
Pupilo	¿Hay desvarío
	semejante? El Pupilo.

Escamilla   Señor mío,
                        si quiere acomodarse, y eso pasa,
                        yo recibo pupilos en mi casa.

(Canta.)

Manuela   «Ya no hará buen gracioso,
                        si de esta libra,
                        porque tiene sus gracias
                        en capilla.»

(Salen Isabel de Gálvez, Jerónima de Olmedo y toda la compañía menos los tres locos.)

Isabel   Señor Francisco García
                        escúcheme un rato atento
                        y no se canse, porque
                        algo apasionada vengo.
                        Yo soy Isabel de Gálvez;
                        fuera de Madrid, he hecho
                        primeras damas, tan bien,
                        como cuantas las hicieran
                        antiguamente en Palencia
                        y en Burgos. Mi nombre eterno
                        tiene esculpido la fama
                        en las láminas del tiempo,
                        si piensa que, ahora, en Madrid,
                        he de perder mi derecho,
                        y que a Francisca Verdugo
                        se ha de rendir mi ardimiento,
                        mi vanidad y mi orgullo.
                        Se engaña, porque, primero,

16

a los celestes cambiantes,
ese hermoso pavimento
a quien tachona la noche
de estrellas y de luceros,
de sus ejes desasido
se moverá de su centro,
que me rinda su brío,
su gala, su despejo.
Y, si, acaso, sus achaques
le dan lugar para ello,
y no es muerta, como dicen,
salga y verá, cuerpo a cuerpo,
que yo sola, con mis gracias,
competir con ella puedo.
Mire Francisco García,
lo que se ha de hacer en esto
y respóndame al punto,
porque la Gálvez
basta que supla ausencias,
no enfermedades.

Jerónima   Digo que tiene razón,
pues si miramos al duelo,
fuera de Madrid conmigo
hace papeles primeros
y lo he tenido por bien
tocándome a mí el hacerlos.
Esto, según la Gálvez,
tiene buen pleito,
pues le ha dado la gala
la flor de Olmedo.

Pupilo   Señora Isabel de Gálvez,

Francisca Verdugo es cierto
que está muy mala y así,
desde aquí, juro y protesto
que haga usted primeras damas,
pero, aunque yo venga en ello,
hay un grande inconveniente.

Isabel   ¿Cuál es?

Pupilo   ¡Que mis compañeros,
           están locos!

Isabel   Nada tema,
           que yo me obligo a volverlos
           a su antiguo ser a todos,
           con mi voz y su instrumento.

Pupilo   Pues, ¡viva Isabel de Gálvez!

Manuela   ¡Yo lo afirmo!

Jerónima   ¡Yo lo apruebo!

(Suena en el patio un clarín.)

Pupilo   ¡Mas qué sonoro clarín
           turba en repetidos ecos,
           con mal formados avisos,
           la monarquía del viento!

Todos   ¡Isabel de Gálvez viva,
           por primera te queremos!

18

(Sale por el patio a caballo Francisca Verdugo con espada y sombrero de plumas.)

Francisca ¡Esperad viles cobardes,
que hay mucho que hacer en eso!
  Fementidos compañeros
que, con alevoso estilo,
para sepultarme en vida
tomáis por achaque el mío.
Ya estoy buena, ya mis males
cesaron, que, en mi cariño,
para servir a Madrid
son las congojas alivios.
¡Aleves, falsos, traidores!
Escuchad, que a todos digo,
y, sin ser don Diego Ordóñez,
os reto y os desafío,
de Sol a Sol en campaña,
con este acero que ciño.
Os espero, salid todos
a combatiros conmigo
y, si el temor os detiene,
si os acobarda el peligro,
bien podéis meter socorro
de autores ultramarinos.
Traed a Castro y a Juan Pérez,
«Los conformes» y a Francisco
de la Calle, venga Acuña,
que pesa por todos cinco.
Y, si os pareciere pocos,
salgan los fuertes caudillos,
los primeros, los mejores,
que en aqueste pueblo mismo,

con tan grandes compañías,
igualmente han competido.
Reto a Rosa solimán,
aunque venga prevenido
contra el veneno que exhalo,
y el contagio que respiro
de la virtud del Romero.
Reto al mismo Osorio, al mismo
Hadrián y a todos cuantos
con sus parciales y amigos;
aunque la Quiñones sea
general nunca vencido
de sus tropas, y la Prado
rija con igual dominio
sus escuadrones, que son
poco embarazoso a mis bríos
un ejercito de Rosas
de Osorios, y Pupilos.
Y tú, oh Gálvez, que te pones
en competencias conmigo
y quieres con mis papeles
llevarte el aplauso mío,
¡sal a campaña! que en ella
darte a entender solicito,
que yo sola en estas tablas
el amparo he merecido
de Madrid, y que te engaña
tu arrogancia y tu capricho.
¡Ea! Valientes mosqueteros,
mis agravios os intimo.
¡Ea! Honor de Capadocia
de ti mi venganza fío.
Mueran aquestos rebeldes,

que yo, por vuestro caudillo,
me pondré delante al riesgo,
si me aplaudís con un vítor.

Pupilo   Francisca Verdugo heroica,
                ¡escuchadme!

Francisca   ¡No he de oíros!

Pupilo   ¡Advierte!

Francisca   Es cansarte en vano.
                .... [-i-o].

Pupilo   En Valladolid, me dieron
                de tu enfermedad la nueva
                y ésta la ocasión ha sido
                de dar a Isabel de Gálvez
                tus papeles.

Isabel   No me rindo
                a dejarlos, que con ellos,
                en Burgos, he merecido,
                Palencia y Valladolid,
                mil aplausos, y confío
                de Madrid y su grandeza
                lograr los favores mismos,
                y en señal de que sabré
                defenderte lo que he dicho:
                toma aquese guante.

Francisca   Espera,

(Apease del caballo y sube al tablado por un palenque que
ha de haber desde los taburetes.)

	que ya previene mi brío,
	con la razón y el acero,
	vengar los agravios míos.

Isabel   ¡En este sitio te aguardo!

Francisca   ¡En el verás tu castigo!

(Llega Francisca Verdugo con la espada en la mano e Isabel
de Gálvez le saca la espada al Pupilo, riñen y él se mete en
medio.)

Isabel   Este acero te responde.

Pupilo   ¿Hay tan gran desatino?
                        ¡Francisca!, ¡Isabel!, ¿Qué es esto?

Francisca   Pues, ¿cómo traidor Pupilo
                        te opones a mi venganza?

Isabel   ¿Tú, que la culpa has tenido,
                        embarazas nuestros duelos?

(Péganle ambas.)

Pupilo   ¡También han perdido el juicio!

(Canta Manuela.)

Manuela   «Tengan que esta pendencia

sin duda ha sido,
más que sobre su duelo,
sobre el Pupilo.»

Jerónima   Cesen ya vuestras contiendas
y escuchadme.

Isabel   Solo elijo
hacer las primeras damas
o reñir.

Pupilo   Pues no he podido
obligaros, ved que espera
con su amparo, y con el mismo
favor y aplauso que siempre
nuestra fe lo ha merecido,
la gran Madrid.

(Salen los locos.)

Todos   Ese hombre
nos ha vuelto nuestros juicios
para echarnos a sus pies.

Isabel   Y yo, a sus plantas, confirmo
tu amistad y los papeles
te vuelvo.

Francisca   Yo los admito
para servir a Madrid,
y humilde le sacrifico
mi voluntad, mis deseos,
mi atención y mi albedrío.

(Canta Isabel de Gálvez.)

Isabel	«Aunque el juicio en su nombre cobramos todos, de Madrid los favores nos vuelven locos.»
Pupilo	Corte insigne.
Francisca	Heroica villa.
González	Centro...
Jerónima	Esfera...
Escamilla	Albergue...
Calle	Archivo...
Pupilo	...de la hermosura y la gala,
Francisca	...de las armas y los libros.
Escamilla	Carísimos mosqueteros, que muy rectos y ministros al semblante de los bancos, juzgáis nuestra causa a gritos:

(Canta Manuela.)

Manuela	«Si le dais apellido a la Compañía,

sea el de las victorias
no el de los silbos.»

Pupilo   Cazuela, donde mil damas,
               de menos de veinte y cinco,
               se hacen mujeres de llaves
               con que nos abren a silbos.

(Canta Manuela.)

Manuela   «Dejen los llaveros
               todos en casa,
               que jugar esa pieza
               no es de las damas.»

Francisca   Grada, aposentos, desvanes,
               donde muerde sin ruido
               la censura entre dos luces,
               de medio ojo el capricho.

(Canta Isabel.)

Isabel   «Nadie con los desvanes
               se ponga en quintas,
               porque lo que censura
               viene de arriba.»

Pupilo   Con la misma compañía
               que salí, vuelvo a serviros.
               En lugar de Malaguilla,
               Melocotón y su amigo
               Gaspar, todos tres bermejos,
               que por eso me han vendido,

viene conmigo Gregorio,
su voz habéis aplaudido
mil veces en estas tablas.
La falta de los amigos,
por serviros, supliremos
entre todos, persuadidos
que, en vuestra grande clemencia,
hallará amparo y asilo
esta humilde compañía.
Y así postrados...

Francisca   ...rendidos,

Isabel   ...al sabor,

González   ...a la piedad,

Escamilla   ...al amparo,

Jerónima   ...al patrocinio

Pupilo   ...de vuestros heroicos pechos,

Francisca   ...os rogamos,

Pupilo   ...os pedimos,

Todos   ...que perdonéis nuestras faltas
y admitáis nuestros servicios.

Fin de la loa

Libros a la carta

A la carta es un servicio especializado para
empresas,
librerías,
bibliotecas,
editoriales
y centros de enseñanza;
y permite confeccionar libros que, por su formato y concepción, sirven a los propósitos más específicos de estas instituciones.

Las empresas nos encargan ediciones personalizadas para marketing editorial o para regalos institucionales. Y los interesados solicitan, a título personal, ediciones antiguas, o no disponibles en el mercado; y las acompañan con notas y comentarios críticos.

Las ediciones tienen como apoyo un libro de estilo con todo tipo de referencias sobre los criterios de tratamiento tipográfico aplicados a nuestros libros que puede ser consultado en Linkgua-ediciones.com.

Linkgua edita por encargo diferentes versiones de una misma obra con distintos tratamientos ortotipográficos (actualizaciones de carácter divulgativo de un clásico, o versiones estrictamente fieles a la edición original de referencia).

Este servicio de ediciones a la carta le permitirá, si usted se dedica a la enseñanza, tener una forma de hacer pública su interpretación de un texto y, sobre una versión digitalizada «base», usted podrá introducir interpretaciones del texto fuente. Es un tópico que los profesores denuncien en clase los desmanes de una edición, o vayan comentando errores de interpretación de un texto y esta es una solución útil a esa necesidad del mundo académico.

Asimismo publicamos de manera sistemática, en un mismo catálogo, tesis doctorales y actas de congresos académicos, que son distribuidas a través de nuestra Web.

El servicio de «libros a la carta» funciona de dos formas.

1. Tenemos un fondo de libros digitalizados que usted puede personalizar en tiradas de al menos cinco ejemplares. Estas personalizaciones pueden ser de todo tipo: añadir notas de clase para uso de un grupo de estudiantes, introducir logos corporativos para uso con fines de marketing empresarial, etc. etc.

2. Buscamos libros descatalogados de otras editoriales y los reeditamos en tiradas cortas a petición de un cliente.